LE
MANIFESTE
DE MONSIEVR
DE BOVILLON.

ENVOYE A MESSIEVRS
de la Religion.

M. DC. XXII.

1694

MANIFESTE DE MONSIEVR DE BOVILLON.

Enuoyé à Messieurs de la Religion.

NOVS Deputez en l'Assemblee Generale des Eglises Reformees de France & Souueraineté de Bearn, persecutees par les ennemis de l'Estat & de leur Religion, qui abusent des affections & de la conscience du Roy, voyans qu'à nostre grand regret nous sommes contraincts par la violence de l'oppression de recourir aux moyens naturels & legitimes pour conseruer, par vne necessaire defence, la liberté de nos consciences & la seureté de nos vies : protestons au nom desdites Eglises deuant Dieu & les hommes, de demeurer inuiolablement sous la tres-humble subiection & obeissance de nostre Roy, recognoissans qu'il nous a esté donné de Dieu pour nostre Souuerain Seigneur. Et à fin que tout le monde puisse recognoistre que comme ceste obeissance est, apres le seruice de Dieu le seul but de nos intentions assez declarees par toutes les actions passees de nostre fidelité grauee aux colomnes de cest Estat & aux Couronnes de nos derniers Roys releuees par nos peres & nous conioinctement auec les autres bons

A ij

François, de deſſoubs les efforts des factions ennemies: auſſi la haine & la perſecution que nous ſouffrons maintenant n'eſt pour autre cauſe excitez par nos ennemis, que pour ceſte affection veritable & ſaincte, à laquelle ils nous recognoiſſent inſeparablement attachez par les enſeignements de noſtre Religion, l'exemple de nos peres, & les intereſts de noſtre propre conſeruation. Nous ſupplions donc premierement le Roy, & tout ce qu'il y a de bons François, puis tous les Roys, Princes & Potentats, amis & alliez de la Couronne, & generalement toutes perſonnes touchees de zele à la gloire de Dieu, de compaſſion de l'innocence foulee, & de deſplaiſir des miſeres qui menacent auiourd'huy la France; d'entendre icy nos iuſtes plainctes, pour voir en icelles la perfidie & cruauté de ceux qui malgré nous les arrachent de noſtre ſein, & nous obligent de les publier pour la iuſtification de noſtre innocence, & pour enſeigner à tous ceux qui ayment la iuſtice & la verité, que le refuge de la defenſe à laquelle nous ſommes reduicts eſt neceſſaire & iuſte: nos ennemis n'eſtans pouſſez d'autre mouuement à mettre le feu dans ce Royaume, que pour eſteindre noſtre Religion, & pour abbatre la reſiſtance la plus ferme qui ſe peut oppoſer dans l'Eſtat aux entrepriſes eſtrangeres. Mais d'autant que par leurs artifices accouſtumez, ils ont icy ſuiuy la route ordinaire à la violence & cruauté qui a de couſtume de ſe faire voye par la calomnie à l'oppreſſion d'vne iuſte cauſe: & pour pretexte de nous courir ſus, ils nous ont publiez rebelles & ſeditieux, employans, pour eſpandre par tout ceſte accuſation, les edicts & Declaratiõs du Roy & des Parlements, & la bouche meſme des Ambaſſadeurs és pays eſtranges, à fin que la ſimplicité de ceux qui ſont moins informez ou de la haine, ou du pouuoir, ou des artifices

de nos mal-vueillans, ne reçoiue quelque siniftre impreffion de nous, touchant le deuoir d'obeyffance & fidelité
enuers noftre Roy & noftre patrie. Nous ferons veoir
icy que tous les pretextes, les crimes iniurieux qu'on
nous impofe, font artifices & defguifements empruntez
pour feruir de voile aux outrages faicts à l'innocence.
Ainfi que pour animer la haine de nos Rois, & la fureur
des peuples contre l'Euangile, on accufoit iadis les premiers Chreftiens, & nos peres en ces derniers fiecles, de
femblables crimes. Qu'ils contreuenoient aux Decrets
de Cefar, efmouuoient fedition entre les peuples, heur-
toient la Royauté: & foubs ces accufations fuppofees on
leur a fait fouffrir par tout le monde la rigueur du glaiue, l'ardeur des feux, la cruauté des maffacres, la fureur
des guerres, & l'horreur de toutes fortes de fupplices.
Il eft vray que comme nos peres eftoient plus efpars &
defcouuerts ou expofez à vne plus facile boucherie, on
a imputé directement ces crimes à la religion, & puis on
les a perfecutez, on leur a faict la guerre ouuertement
pour la profeffion qu'ils en faifoient. Auiourd'huy par
vn artifice accommodé à leurs deffeins nos ennemis
changent de methode. Ils declarét la guerre aux perfonnes pour la faire à la religion. Et pource qu'apres tant de
perfidies & de cruautez, le bras de Dieu nous ayant rele-
uez comme des cendres de nos peres, & par vne mira-
culeufe profperité du feu Roy, (conduit par la fidelité
de nous & autres bons François iufques fur le throfne de
cefte Monarchie) les brefches de l'Eftat eftans reparees,
afin d'y eftablir vne ferme paix, on nous a donné vn Edit
pour la liberté de nos confciences, & des feuretez pour
mettre à conuert nos biens & nos vies contre la violence que les maux paffez nous faifoyent craindre pour
l'aduenir: ce feroit certes à prefent trop apparemment

violer la paix , & se declarer trop visiblement ennemis
du repos de la France, si on reuoquoit ouuertement l'E-
dict faict en nostre faueur : si on nous declaroit la guerre pour nostre Religion.   Ce seroit aussi interesser trop
de personnes en vne mesme cause. C'est pourquoy pour
couurir le dessein proietté de la ruyne de cet Estat par la
nostre, pour armer le Roy contre nous , & pour nous
perdre auec plus de facilité qu'on ne croit autrement
pouuoir faire : On nous a declaré rebelles & criminels,
on tasche de rendre ceste cause plus particuliere, on appelle la guerre qu'on nous faict vn chastiment de seditieux. Mais quand nous aurons exposé icy aux yeux de
tout le monde le dessein de ceux qui sont autheurs de
ces troubles & confusions : La longue oppression que
nous auons soufferte iusques icy en toute patience. L'e-
uidence de nostre iustice au procédé que nous auons tenus enuers nostre Roy en nos plaintes & tres humbles
requestes, qu'on nous impute maintenant à crime : Et finalement la persecution ouuerte qui nous est faite à present par la voye des armes ja leuees contre nous en tous
les lieux de ce Royaume, où on estime que nous pouuons
faire quelque resistance : Nous esperons que nous met-
trons nostre innocence à couuert de ces calomnies, ren-
drons approuuee la iuste & necessaire defense à laquelle
nous auons recours en l'attente du secours & benedi-
ction du Tout-puissant : Et nous acquerrons la faueur &
l'assistance de tous ceux qui ayment sa gloire & sa verité:
& l'ayde & le support de quiconque desire la conseruation
tion & le salut de ce pauure Royaume.

Depuis que le plus ferme appuy de l'Edict de nostre
seureté, establly par la main puissante du feu Roy, tom-
ba par le coup de sa mort , les ennemis de nostre Religion & de la paix publique s'esleuans auec plus d'espe-

rance de progrez & de succez en leurs desseins , conuer-
tirent tous leurs efforts à ietter par terre ce fondement
de la tranquillité de l'Estat. Sçachans que le plus asseuré
moyen de ramener la confusion des troubles & des guerres passees estoit de destruire l'Edict qui les auoit destrui-
tes. Mais ne se pouuans promettre que les bonnes incli-
nations du Roy & la sagesse de la Royne sa Mere lors
Regente,& tout ce qu'il y a de bons François interessez
en la paix de ce Royaume,consentissent ou peussent souf-
frir vne rupture ouuerte de l'Edict ? ils ont cherché de
gaigner en detail ce qu'ils ne pouuoient obtenir en gros:
& par artifices & moyens plus couuerts faire tomber les
choses dans le precipice auquel il les ont auiourd'huy
iettees.

Le premier fondement de leur dessein se recogneut
auec estonnement & iuste apprehension de tous les nostres, quand au sacre du Roy on luy fit iurer ce serment.
Ie tascheray à mon pouuoir en bonne foy chasser de ma iurisdiction
& terres de ma subiection tous heretiques denoncez par l'Eglise.
Comme s'il prenoit sa Couronne sous ceste condition
& sous ceste loy qu'il nous extermineroit quand il le
pourroit faire. Le sang du Grand Henry crioit encore
vengeance du furieux & abominable parricide qui pro-
testa & afferma n'auoir esté induit par autre raison à le
tuer, que pour ce qu'il estoit fauteur d'heretiques , qu'il
le souffroit en son Royaume, qu'il ne leur faisoit pas la
guerre : Et voila qu'on fait promettre à son fils , à son
successeur, qu'il employera toute sa puissance à les ex-
terminer. Puissante & efficacieuse raison pour impri-
mer au cœur d'vn Roy , dés ces plus tendres ans , la necessité de nous hayr & de nous destruire , que d'adiouster
à la terreur de l'exemple du pere cruellement meurtry
pour auoir maintenu la paix à ceux qu'on appelle here-

tiques, la ſtipulation de regner & ſeoir ſur le throſne apres luy à la charge de perſecuter ceux qu'il auoit conſeruez. Car qui ne ſçait que ſous le nom d'heretiques ils ne veulent entendre que nous? Que nous ſommes denoncez & qualifiez tels par le Pape & le Concile de Trente. Et partant ſi le Roy s'eſt deu croire obligé à l'obſeruation de ce ſerment ſelon leur intention que n'auons nous deu craindre dés lors? Pourquoy ſur l'experience du paſſé n'auons nous deu apprehender derechef les malheurs ſanglans que telles impreſſions & neceſſitéz expoſees aux conſciences des Roys nous ont fait eſprouuer? Ce meſme deſſein de nos ennemis ſe manifeſta encore ouuertement, quand pour faire paſſer en loy d'Eſtat & en maxime vniuerſelle de conſcience, qu'il ne nous falloit plus ſouffrir en France? ils obtindrent aux Eſtats derniers tenus à Paris, que les Chambres du Clergé & de la Nobleſſe demandaſſent expreſſement par leurs cahiers l'execution de ce ſerment du Roy, & la reception & publication du Concile de Trente. Concile auparauant reietté en plains Eſtats tenus aux plus ſanglans & violens troubles qui ayent eſté excitez contre nous dans ce Royaume. Concile qui ne ſouffre pas que les Roys regnent s'ils donnent vie & liberté en leur domination à ceux qu'il a declarez heretiques.

Mais le plus apparent & le plus ſenſible progrez du deſſein de nos mal-veillans s'eſt aduancé principalement par les Sermons ſeditieux des Preſcheurs Ieſuites & autres Moines, qui depuis quelques ans par vne licence effrenee, & vne manifeſte coniuration, ſe permettans contre le reſpect des Edicts & leur authorité, de prendre à taſche de les ſuggiller en leurs chaires & les rendre odieux, preſchans la fureur & la ſedition, nourriſſent le peuple à noſtre haine, l'inſtruiſent à nous auoir en execration

cration, & luy soufflans la guerre & le meurtre dans l'esprit, le disposent & rendent preparé à toutes occasions de nous mal faire. D'où nous ressentons continuellement tant d'infractions des Edicts de paix, tant de bresches qui sont faites à nostre seureté, tant de violences à nostre liberté. Neantmoins nous pourrions dire encore iusques-là, que nostre patience auroit surmonté & comme estouffé la pluspart de ces maux, ou du moins esperé que les remedes en fin nous en auroient esté donnez de la bonté du Roy, & de la sagesse de ses plus fideles Conseillers; si les Iesuites ne fussent iamais montez au comble de puissance où ils sont paruenus. Car comme il est notoire que par toutes sortes de moyens violens, ils ont procuré iusques icy l'extirpation de nostre Religiõ, & la ruine de ceste Monarchie, depuis que leur pouuoir est accreu à l'egal de leur mauuaise volonté, & qu'ils voyent tous obstacles, cy-deuant opposez à ce qu'ils osoient entreprendre: maintenant abbatus ou ceder dessoubs leur puissance: quelle autre attente nous a esté reseruee que d'experimenter le danger où de si long-temps ils proietoient de nous precipiter? La face miserable de la Chrestienté auiourd'huy presque toute deschiree de guerres & de confusions horribles, represente assez aux yeux de tout le monde quelle puissance ont eu leurs inductions artificieuses & meschantes à exciter vne guerre de religion tantost vniuerselle. Et qui peut presumer que la France (à laquelle ils ont desia tant de fois fait ressentir de si funestes playes de leurs mains meurtrieres) estant auiourd'huy liuree entre leurs mains, & comme soubs leur gouuernement absolu, pust seule esuiter l'accident commun qu'ils ont fait tomber sur les autres Estats ou leur credit & la diuersité de religion leur ont donné pretexte & matiere de mettre le trouble. Il n'y a eu personne si peu instruite en leurs desseins qui n'ait cy-deuant preueu ou predit la misere & ruine de la France debuoir arriuer lors que les Conseil des Iesuites y auroient le dessus/ Et maintenant que d'vn costé on les void en ce haut credit, & d'autre costé la France reduitte aux malheurs d'vne guerre ciuile : y auroit il quelqu'vn si aueuglé qui n'y recogneust l'œuure de leurs mains ? qui en voulut chercher vne autre cause ou vne autre origine? La crainte de tomber en ces maux nous a fait ouyr plusieurs aduertissemens des plus sages Catholiques & mieux affectionnez François qui s'y sont long-temps opposez de toute leur puissance. La vertu du Parlement de Paris à plusieurs fois opposé son authorité à leurs entreprises. Et les enseignemens remarquables, que son iugement respandit par toute la France, peu apres la mort du feu Roy, du danger & des pernicieuses consequences à l'Estat s'ils empietoient vn plus grand credit, guiderent la sagesse de la Royne Mere du Roy, pour ne laisser prendre plus de pied à leur audace dans la Cour & au maniement des affaires. Ce qu'ils n'ont iamais peu durant sa regence, & l'authorité qu'elle a eu en la conduicte de l'Estat.

Mais comme tous changemens sont propres à ceux qui cherchent occasion de progrez, ayans rencontré au gouuernement suiuant vn plus fauorable support, comme ils sont accorts à debiter l'vtilité de leur ministere, aydez de l'occasion, & soustenus par ceste main, se sont esleuez sur le pinacle du pouuoir ou nous les voyons estre montez. On vid lors le Iesuite le plus audacieux qui soit en toute la Societé introduict dans le Louure : & d'vne temerité sans exemple se placer dans le logis de la sacree personne du Roy, afin d'auoir toutes les heures & les moments de le gouuerner en sa puissance. Et de-là en auant à paru au gouuernement de l'Eſtat, quel pouuoir ont pris les Ieſuites deſſus les volontez du Roy. Par deux remarquables coups d'eſſay: auſſi toſt apres l'introduction de ce Ieſuite, on put recognoiſtre que deſormais rien ne ſeroit impoſſible à ceux de ſa Societé de tout ce qu'ils voudroient entreprendre, pour eux, ou contre nous. La neceſſité de ce diſcours requiert que nous les repreſentions.

Toute la France ſe peut ſouuenir que trois iours apres que ce Ieſuite eut l'oreille du Roy, ils firent caſſer dans ſon Conseil l'Arreſt du Parlement, par lequel l'ouuerture de leur College dans Paris leur eſtoit interdicte, iuſqu'à ce qu'ils euſſent ouuertement renoncé aux maximes de la ruyne des Eſtats & du meurtre des Roys. Et pour monſtrer que toute oppoſition à leur violence ſeroit deſormais vaine, firent par vn Arreſt du Conseil (par eux affiché à tous les carrefours de Paris en ſigne de triomphe) caſſer les Decrets de l'Vniuerſité qui leur auroit voulu faire quelque reſiſtance. De meſme facilité & en meſme temps ils firent donner l'Arreſt en faueur des Eueſques de Bearn le 25. de Iuin 1617. pour la mainleuee des biens Eccleſiaſtiques du pays, affectez par establiſſement ſolennel, arreſté par le Souuerain & les Eſtats, à l'entretien de nos Paſteurs, College, Garniſons, Officiers & autres charges dudict pays. Quinze ans durant les Eueſques auroient faict ceſte pourſuitte auec toute ſorte d'inſtance. Le feu Roy ſollicité de Rome à diuerſes fois en leur faueur, ſçachant les conſequences d'vn tel changement, obligé auſſi par ſon ſerment propre à ne rien innouer (outre la liberté de l'exercice donnee aux Catholiques Romains & la reſtitution d'autant de biens Eccleſiaſtiques qu'il leur eſtoit neceſſaire, accordee par Edit & executee dés l'an 1609.) les en auoit toûfiours refufez. La Royne Mere du Roy pour femblables confiderations, & pour l'obligation de pareil ferment iuré par fa M. à prefent regnante pour l'entretien de l'eftabliffement ancien (confirmé d'ailleurs par douze patentes & Declarations obtenuës contre l'inftance que les Euefques faifoient du contraire) n'y voulut point toucher. Le deffein de nos ennemis ne pouuoit receuoir plus d'auancement que par vn coup de cefte nature. Car ils fçauoient que l'execution de cefte main-leuee entraineroit (comme helas! il eft arriué) la fubuerfion du païs, & la ruyne totale de noftre religion en iceluy, auec efperance que du feu qu'ils y allumeroient ils embraferoient toute la France. C'eft pourquoy ils engagerent le Roy par fa confcience, & par la leçon de fon ferment, touchant l'extirpation de noftre Religion, à faire donner ceft Arreft d'authorité abfoluë. Duquel pour cefte caufe (quoy que donné precipitamment fans prendre aduis des principaux Officiers de la Couronne, & Miniftres de l'Eftat en vn fait de telle confequence, & contre les formalitez de iuftice fur la feule pourfuitte des Euefques, fans ouyr les Deputez du pays) on n'a iamais peu obtenir la reuocation, nonobftant toutes remonftrances & fupplications qui en ayent efté depuis prefentees, aufquelles on n'a rien refpondu, finon que l'authorité & la confcience du Roy y eftoient engagees. Or de-là prifmes nous vne trifte experience des mouuemens du Roy és affaires plus importantes à fon Eftat & à noftre conferuation, voyant que ce Iefuite tenoit toutes fes affections liees par des refpects de religion, & que la deuotion à laquelle fa Maiefté par vne bonté nee auec elle eft naturellement portee, eftoit comme vn reffort à fa confcience, par lequel il encline toutes fes volontez à ce que bon luy femble. Il s'eft eftably pour confeil de la confcience

du Roy comme il parle. Et en ce Conseil peut-il propo-
ser autres maximes que celles des anciens ennemis de
cest Estat? qui toutes se peuuent reduire à ce sommaire
de la subuersion d'iceluy & de nostre ruyne. Luy donne pour loy la decision du Côcile de Constance: *Qu'on ne
doit point garder la foy aux heretiques*. Que quelques Edicts
qu'il ait faits ou iurez ne l'obligent point. Que partant il
peut, ains qu'il les doit rompre; où pour l'induire il ne lui
repete autre leçon que celle du serment de son sacre. Ne
luy propose vn plus grand merite pour le loyer du para-
dis que l'extirpation des heretiques. L'incite à recher-
cher par là vn renom plus glorieux que celuy de S. Loys
pour auoir faict la guerre aux infideles. Tels & sembla-
bles sont les conseils de conscience de ce Iesuite. Aus-
quels sa Maiesté, postposant toutes autres considera-
tions de son Estat, s'est laissee persuader, & a dit souuent.
Qu'il vaut mieux perdre son Estat que son ame. Comme enseig-
gnee à tenir pour maxime qu'il y a des occasions de sau-
uer son ame en perdant son Estat. Or de la possession des
volontez du Roy enclos de ceste sorte en la main des
Iesuites, ils ont entrainé à eux par vne suitte necessaire
tout le gouuernement de l'Estat. Ce qu'ils ont obtenu
auec tant plus de facilité que tous les sages & anciens
Conseillers & Ministres qui ont fidelement seruy le feu
Roy & la France, à establir & maintenir la prosperité &
grandeur où elle s'est veuë esleuee sous son regne, estans
maintenant comme nous voyons reculez de tout maniement des affaires: ceux à qui l'abondante faueur du
Roy donne toute l'authorité au gouuernement consen-
tent volontairement que la conduitte du Conseil soit entre les mains de quelques supposts de Rome, Cardinaux
& Euesques. Et ceux qui y sont demeurez ou qu'on y a
introduits de nouueau, les vns nourris du leuain des

vieilles factions & affections d'Espagne , les autres gagnez par les aduentages des liberalitez de celle-cy, ou des honneurs de Rome (dont les Iesuites sont principaux banquiers) concourent tous en vn mesme consentement, où il y va de la destruction de tout ce que le feu Roy auoit establý, mais principalement en ce qui nous concerne. Et ces allechemens ont eu tant de force que tel de qui les meilleurs auoient attendu vne inuariable vertu à l'affection de la paix & des bonnes maximes, par l'esperance d'vne grandeur Ecclesiastique semble s'estre deuqüé pour instrument de la premiere breche, par laquelle la persecution à couru sur nous. D'autre costé les Cours souueraines & subalternes , & toutes les magistratures du Royaume sont remplies de personnes qui leur sont asseruies, ou par superstition, ou par interest de fortune. Les peuples ne suiuent autres mouuements que ceux où ils les portent par leurs predications , ou par leurs confessions secrettes.

Telle estant donc la puissance de nos ennemis , nous en auons aussi, à nostre dommage, ressenty les effects par vn traittement tout contraire à celuy que nous auions dessoubs le feu Roy. Car depuis qu'ils ont ceste authorité (nous pourriós dire depuis leur regne) il ny a plus de faueur ny d'accez à la Cour pour ceux de nostre Religion. Plusieurs à qui les seruices de leurs peres & les leur auoient conserué iusques-là l'honneur de quelque charge prez du Roy, s'en sont veus reculez. La plus-part sont obligez a s'en deffaire sous ce commandement. *Changez de Religion ou quittez vostre char ge.* On leur dict que le Roy ne peut voir de bon œil les Huguenots auptes de sa personne. Nous auons dans le Conseil nos plus animees parties pour iuges, & ennemis iurez ceux que nous allons supplier. Nous sommes exclus d'entrer aux charges dans toutes les Cours Souueraines ou subalternes contre la liberté des Edicts. Si quelqu'vn de ceux qui en sõt ja pourueûs se range à nostre Religion, les Procureurs generaux ou leurs substituts s'opposent à la seance. Les Chambres luy contestent & les repoussent. Et combien y en a-il és Cours de Parlement de Paris & ailleurs, qui sont retenus de venir à nous par l'oppression de ceste liberté? Mais quand aurions-nous raconté toutes les sortes d'iniures qui nous sont faictes ? Les insolences seditieuses qui se commettent iournellement pour empescher l'exercice libre de nostre Religion és lieux où il nous est permis. Les attentats & entreprises contre les places qui nous ont esté baillees en garde pour nostre seureté. Les practiques secrettes pour desbaucher les Gouuerneurs d'icelles, comme il est arriué de nouueau és personnes des Gouuerneurs de Clermont de Lodeue & d'Argenton. La restitution de ces places à laquelle on nous refuse de pouruoir. Les excez & outrages que souffrent és villes & aux champs ceux de nostre Religion par la fureur du peuple excité par ses Predicateurs. Les rauages & bruslemens de nos Temples & cimetieres. Les inhumanitez exercees au deterrement de nos morts, ou pour leur empescher la sepulture. Les violences faictes aux consciences des malades, mesme en l'agonie de la mort, pour les contraindre de renoncer à leur religion. La cruauté exercee contre les pauures & malades qu'on iette hors des hospitaux. La force practiquee en l'enleuement de nos enfans pour les nourrir en la Religion Romaine, contre l'intention de leurs peres & de leur derniere volonté. Bref toutes matieres de torts & de violences nous sont faictes contre l'authorité du Roy, repos & tranquilité publicque. En tous ces maux nostre seul recours est en nos plainctes, que nous addressons continuellement aux Magistrats, ou dans les Prouinces, ou dans les Cours Souueraines. Mais c'est helas! ou au lieu de remede nous trouuons le poison. Car non seulement nous sommes renuoyez sans obtenir droit sur nos requestes: mais l'iniustice de laquelle ils s'aggrauent l'iniure precedente, augmente l'audace de ceux qui nous ont fait le mal, encouragez par l'impunité & par la loy qu'ils prennent de l'exemple des iuges mesmes.

Nostre dernier refuge est en la iustice du Roy & vers les Ministres de l'Estat, ou comme pour l'insupportable traittement que nous receuons de tous endroicts, nous recourons ainsi qu'à nostre asyle : aussi est-ce d'où nos ennemis font le plus violent effort de nous empescher l'accez. Ils voyent que la protection du Roy nous tiendroit couuerts contre toutes leurs iniures. Ils sçauent que la voye de nos plainctes, que la nature ouure à vn chacun, nous conduiroit sous l'abry de sa iustice, ou nostre repos & la tranquillité publique seroient conseruez. Pour ceste cause nous experimentons d'eux en cest endroict vne plus animeuse coniuration. Car non seulement ils bouschent l'oreille de sa Maiesté & nous ferment toute entree vers elle, mais lors que nous y voulons aller par nos tres-humbles supplications & requestes, ils nous tendent, par vne fraude plus que diabolique, le laqs de leur calomnie pour nous faire tomber au blasme d'vne pretenduë rebellion & desobeyssance. Ils changent nos plaintes en crimes, ils nous appellent seditieux & rebelles. C'est l'accusation pour laquelle ils nous poursuiuent criminellement. C'est l'accusation pour laquelle ils nous persecutent aniourd'huy. Nous appellôs icy le Ciel & la terre à tesmoin entre nos ennemis, & nous desirans que la procedure de nos plainctes enuers sa Maiesté, que nous exposerôs icy veritablement

& au

& au long, estant recongneuë de tous, on iuge de nostre innocence, & de la calomnie de l'accusation, & finalement de l'iniuste guerre & persecution que nos haineux nous ont suscitee sous ce pretexte.

Afin d'entretenir l'Edict de paix & reparer les infractions d'iceluy, le feu Roy voulut, selon son equité establir vn ordre au milieu de nous, par lequel nous pourrions de temps en temps, soubs sa permission & octroy, nous assembler par Deputez de toutes les Prouinces, pour luy presenter nos plainctes sur les griefs qui nous seroient faits, & remporter de sa bonté les responces raisonnables & necessaires pour l'entretenement des Edits. Suiuant cet ordre ressentans vne plus pressante necessité que iamais: nous estans adressez à sa Maiesté par nos Deputez generaux en l'annee 1619. elle eut agreable d'octroyer à nostre tres-humble requeste vn breuet, portant permission de nous assembler en la ville de Loudun au 25. de Septembre. Ou nous estans trouuez de toutes les Prouinces du Royaume & de la Souueraineté de Bearn, les cahiers de nos plaintes estans dressez, nous les presentasmes en toute humilité à sa Maiesté, la suppliãt que par vne fauorable responce aux principaux articles & plus importans griefs, nous peussions remporter dans toutes les Prouinces, par les tesmoignages de sa bonne volonté à nostre protection, dequoy r'asseurer tous ses suiets de la Religion, côtre tant de menaces & de craintes dont ils se voyent enuironnez. Ce ne seroit iamais fait si nous voulions estaller icy le suiect de toutes ces plaintes. Nous en toucherons seulement quelques-vnes pour en faire voir l'importance, & la necessité d'obtenir sur icelles vne prompte iustice.

Nous nous plaignons que Leytoure place de seureté nous auoit esté rauie d'entre les mains. Que deux des noſtres pourueus d'offices de Côſeillers en la Cour de Parlement de Paris, n'auoyent peu obtenir leur reception durant quatre ans continus qu'ils la pourſuiuoient. Que l'exercice de noſtre Religion banny de Clermont de Lodeue place de ſeureté, ſur le reſtabliſſemét d'icelui pourſuiuy par nous, on s'eſtoit oppoſé auec armes à l'execution d'vn Arreſt du Conſeil du Roy. Que nos Temples auoiét eſté bruſlez ou demolis à Bourg en Breſſe, à Moulins en Bourbonnois, & à Leual pres Guyſe. Qu'à Baux en Prouence, le ſieur de Vere Capitaine du Chaſteau apres pluſieurs menaces & violences, pour deffendre & empeſcher l'exercice à ceux de la Religion, les auroit finalement chaſſez hors de la ville par force, & auec main armee le 8. Feurier 1620. Qu'on n'auoit peu obtenir iuſtice des excez outrageux faits à quelques vns de la Religion à Baugency & du toxin ſonné ſur eux, & de ce que les coulpables qui auoient precipité deux hommes du haut du grenier, & percé l'vn à coups d'eſpee, ont eſté ouys en teſmoignage aux informations qui ont eſté faites par le Lieutenant general en la iuſtice d'Orleans, & que nonobſtant le renuoy de la cauſe au Parlement de Paris, l'on n'a tenu compte d'en faire pourſuitte. Que nos Paſteurs auoient eſté chaſſez violemment hors des villes de Bourges & de la Chaſteigneraye. Que pluſieurs perſonnes faiſans profeſſion de la Religion à Chaalons ſur Saonne en auroient eſté chaſſees & exilees, comme auſſi du Duché de Barrois. Que les lieux à nous accordés pour l'exercice de la Religion pres des villes de Lyon, Dijon & Langres nous eſtoient empeſchez. Qu'és lieux où les habitans ſont en poſſeſſion d'y faire ledit exercice depuis les annees 1596. 1597. où partant ils ont par l'Edit toute liberté, ils y ſont troublez, comme à la Chaſteigneraye, à la Chaſtre, à S. Cyprian, la Herle, Velus, Mauſſac,

Langon, Bourg de Condé en Normandie, à Agiene en Viuarets, à S. Marcelin en Forest, à Chaulme en Xaintôge par opposition formelle des Officiers, à Florence Picusqué, Montfort & Puget per les Consuls, pres la ville de Perigueux, à Montignac Charente par sentence du Seneschal d'Angoumois sur peine de mille liures. Que l'education des enfans estoit ostee aux peres de la Religion pour les instruire autrement, comme au sieur le Maistre M. des Comptes à Paris, & par Arrest de la Cour de Parlement de Rouën, en la cause d'vn nommé Couurechef. Que plusieurs enfans de la Religion auroient esté enleuez par des Moynes. Comme à Ambrun le fils d'vn Bourgeois, à Millaud le fils du sieur Valette, à Leytoure vn enfant aagé de dix ans nommé François Aram, par le Iesuite Regour le 4. Ianuier 1620. Que nos sepulchres estoient inhumainement violez, ou les sepultures empeschees en plusieurs lieux, comme à Aix en Prouence, à Gordes, à Mirabeau, à Ongle, à Xaintes, à S. Georges d'Oleron, & en plusieurs lieux de la Guyenne & autres endroicts, auec cruauté & barbarie. Que nos pauures malades estoient chassez des Hospitaux, ou forcez contre leurs consciences, comme en la derniere contagion à Paris, en l'Hospital S. Louys, où plusieurs y furent violentez, & tout accez denié aux Ministres & anciens pour les consoler. Que les Parlemens au preiudice des Chambres establies s'attribuoyent la cognoissance de nos causes, comme le Parlement de Bourdeaux plusieurs fois, & particulierement au faict des habitans du Mas d'Agenois, qui en ont souffert de tres-grandes vexations, dont plusieurs d'iceux sont morts en prison. Mais principalement és causes criminelles, comme le Parlement de Thoulouse, lequel ayant condamné Iean de Nasses Greffier de Montauban à l'amande honorable.

n'a voulu deferer aux Arrefts du Confeil, portant renuoy en la Chambre de Caftres. Et encor ledit Parlement de Bordeaux en la caufe des habitans de Tartas , qui en la furprife du Chafteau ayans efté cruellement traittez, outragez & chaffez, auroient efté pourfuiuis, & mal menez audit Parlement, lequel fur la recrimination des mutins & feditieux auroit retenu la cognoiffance de la caufe au preiudice de la Chambre de Nerac. Au Parlement d'Aix quantité des noftres auroient efté cruellement retenus en prifon plufieurs annees, nonobftant leurs caufes renuoyees & retenuës en la Chambre de Grenoble fuyuant l'Edict. Nous demandôs encore que le changement fait és villes de Montault, Vareilles, Tarafcô, Môtgaillard au Comté de Foix (efquelles rien ne doit eftre innoué fuiuant le breuet de 1598.) fuft reparé. Qu'il pleuft au Roy nous octroyer le breuet de la garde des places de feureté, auec la delinrance de l'Eftat des places de Dauphiné. Faire reuocquer l'Arreft de main-leuee des biens Ecclefiaftiques de Bearn. Faire rendre la ville de Priuas entre les mains des habitans & leur rendre iuftice fur les excez, violences & outrages qu'on leur auoit faits. Outre vne infinité d'autres plainctes publiques & particulieres, trop longues à deduire. En toutes lefquelles nous efprouuafmes le pouuoir de nos ennemis fi grand, que toute iuftice nous y fut deniee, & ne remportafmes pour toute refponce qu'vn commandement abfolu de nous feparer.

Mais comme l'vrgence du mal & la neceffité du remede nous fit recourir plufieurs fois vers fa Maiefté. Nos haineux commencerent lors de qualifier noftre inftance & tres-humble fupplicatiô reïteree du tiltre de rebellion, pour nous ofter l'efperance de toute iuftice, pour nous rendre odieux, & pour ouurir la porte à vne

guerre & perfecution , obtindrent de faire publier vne
commination de crime contre nous (comme fi c'eftoit
crime que de fe plaindre (menaçant tout haut noftre
perfeuerance, des armes du Roy : & faifans verifier ex-
traordinairement des Edicts burfaux dans les Parlemens
pour la neceffité des preparatifs à nous faire la guerre. Le
Roy neantmoins par la bonté de fon naturel & la force
de fon inclination à iuftice, efchappant aux contrainctes
de nos ennemis, nous fit promettre par la bouche de
Monfeigneur le Prince & de Monfieur de Luynes à prefent Conneftable, qui donnerent leur parole à Meffieurs
de Lefdiguieres & de Chaftillon pour nous en affeurer.
Qu'apres noftre feparation dedans le terme de fix mois
du iour d'icelle, la ville de Leytoure nous feroit renduë,
les Confeillers receus au Parlement de Paris ; le breuet
de la garde des places de feureté & l'eftat de celles de
Dauphiné nous feroient deliurez. Et le furplus de nos
cahiers refpondus fauoreblemet, & les refponfes executees de bonne foy, & que dans fept mois du iour de la
feparation, les Deputez de Bearn feroyent ouys fur ce
qu'ils voudroient remonftrer à fa Maiefté. Et en cas que
ces promeffes ne fuffent executees dans le temps nous
pourrions nous retrouuer enfemble pour demander derechef à fa Maiefté iuftice fur nos plaintes. Or d'autant
que de la condition de ces promeffes, des affeurances
fous lefquelles on nous les fit valoir, & de la bonne foy
promife en l'execution d'icelles defpend la iuftification
principale de noftre procedé fuiuant, pour lequel nous
fommes iniuftement declarez criminels & traittez par la
rigueur des armes : Que tout le monde voye icy fur quel
fondement a efté appuyee la bonne foi en laquelle nous
fommes, & le droict que nous auons eu de nous f'affembler. Pour confirmation de la promeffe qui nous en fut

faite, on nous representoit que c’estoit la premiere parole que le Roy eust donné à ses subiects de la Religiõ, depuis qu’il tient le gouuernail de son estat. Monsieur le
Connestable adioustoit que la sienne y interuenuë nous
vaudroit breuets, & peut estre encor dauantage. Le Roy
de sa propre bouche le confirma depuis à Fontainebleau
aux Deputez qui l’aduertirent de nostre separation, en
presence de Monsieur le Duc de Lesdiguieres qui nous
en auoit donné l’asseurance. Or nous eust il esté loisible
de desirer ou de nous figurer quelque autre permission
plus valable que la sacree parole du Roy , la premiere
qu’il nous eust donnee? Le papier & l’ancre ne peuuent
adiouster de poids ny d’authorité aux paroles des Roys.
Et certainement nous eussions creu estre indignes de
la grace de nostre Roy, & iniurieux à son autorité si nous
eussions requis ceste permission sous vne plus grande
seureté que sa parole. Ainsi nous estãs separés le 13. d’A-
uril de l’annee derniere, apres vn acte dressé entre nous
de nostre obeyssance, contenant toutes les conditions &
promesses susdictés, auec ordre donné à ceux de la Rochelle de faire la conuocation , le cas estant escheu , au
lieu qu’ils iugeroient le plus commode. Les Deputez s’e-
stans retirez & ayans rendu compte dans les Prouinces,
furent continuez, ou d’autres subdeleguez à eux, pour se
retrouuer ensemble, en cas d’inexecution des choses ac-
cordees, suiuant la condition des promesses. Cela s’est
fait en toutes les Prouinces publiquement au sçeu de sa
M. & de Messieurs de son Conseil. On ne la point trouué mauuais. Le Roy ne fit aucune Declaration contraire. Cependant il est tres-certain que s’il y auoit eu quelque attentat ou entreprise contre l’authorité du Roy, ce
seroit en la nomination des Deputez, mais comme elle
estoit recogneuë legitime par la permission, la condition

pendente aussi nos Deputez generaux faisans la poursuitte de l'execution des choses promises, n'ont point
fait de doute de l'accompagner tousiours de ceste remó-
strance vers Messieurs du Conseil. *Faites nous Iustice & ne
nous donnez point la peine de nous r'assembler.* Monseigneur le
Prince mesme estant allé plusieurs fois au Parlement
pour y faire veriffier la iussion du Roy sur la reception
des Conseillers, leur representa la permission de nous
rassembler, à quoy par leur refus ils donnoient occasió.

Or le temps prefix des six mois pour l'accomplissement
des promesses escheãt au treiziéme d'Octobre sãs qu'elles eussent sorti effet, le Roy s'estant acheminé en Guyenne au mois de Septébre, fut sollicité par nos ennemis
de faire inionctió à ceux de Bearn, d'executer la main le-
uee, & au Parlement de Pau, d'en verifier l'Arrest. Le
terme accordé pour leurs remonstrances, que sa Maiesté
auoit promis d'entendre par la bouche de leurs Deputés,
s'estendoit iusques au treiziesme de Nouembre: Ce qui
fit que la iussion du Roy, le Parlement de Pau donna
Arrest, par lequel il ordonna que les Deputez feroient
leurs remonstrances à sa Maiesté dans le temps qui leur
estoit accordé (confirmé derechef par lettre escritte le
21. Septembre par sa M. audit Parlement) autrement ledict temps passé l'Arrest de main-leuee demeureroit
verifié. Sa M. non contente de cet Arrest & sans attendre les remonstrances de ceux du pays, est poussé par nos
ennemis à s'y acheminer. Et nonobstant que le Parlement par autre Arrest de verification pure & simple eust
preuenu la venuë de sa M. elle ne laissa pas par l'inductió
de nos haineux d'entrer dans le pays auec son armee.
Nous nous tairons icy volontiers de la desloyauté de
nos ennemis,& des cruautez y exercees par leurs inductions. Si leurs accusations calomnieuses & la douleur

cuifante de nos miferes ne nous obligeoient maintenant d'auoir la bouche ouuerte pour noftre iuftification , & pour en crier vengeance deuant Dieu & les hommes. Nous ne parlons point du changement faict au pays par l'vnion à la Couronne de France , encore qu'il foit eui-dent qu'elle n'a pas tant efté faicte par aucun aduantage de la France, que pour donner plus de lieu à l'alteration de noftre Religion. Nous toucherons feulement en peu de mots ce qui a efté fait directement pour y ruiner la li-berté de noftre Religion, Le Roy donc eftant à Nauar-reux, & voulant conferuer au fieur de Sales la promeffe qui luy auoit fait donner dés Bourdeaux , & confirmee dans le pays, de le maintenir au Gouuernemét de la vil-le, à ce conuié encore par les longs feruices dudict fieur de Sales,& par la prôpte obeiffáce qu'il tefmoignoit par toutes fortes de denoirs à fa M.nonobftant ce, preffé par nos ennemis de luy ofter le Gouuernement & le donner à vn d'autre Religion,mais retenu par la Religió de fes promeffes,le Iefuite qui eft aupres de luy interpofant só cófeil de cófcience (ou pluftoft fans cófcience) perfuada à fa M. qu'il luy eftoit loifible de fauffer fa promeffe, par vn equiuóque & diftinctió vraiemét digne de l'indigna-tion de Dieu & des hommes. *Voftre promeffe, dit-il, Sire eft d'Eftat ou de confcience. De cófcience, dit-il, elle ne peut, car elle eft contraire au bien de l'Eglife: Eftant donc d'Eftat, voftre Maiefté doit croire fes Confeillers, qui luy remonftrent que pour le bien de fon feruice il importe que cette place ne foit plus entre les mains d'vn Huguenot.* Ainfi le Roy induit par le Maiftre de fa confcience, qui fe faict garand pour luy enuers Dieu de tout ce qu'il fera par fon confeil, fit commandement au fieur de Sales de fe demettre de fon gouuernement,don-né à l'inftant au fieur de Poyane ennemy iuré de ceux de noftre Religion. Puis ayant fait retirer la garnifon de la ville

ville, & defarmé les habitans, il y fut mis quatre cens
foldats à fa deuotion, fous le commandement dudit fieut
de Poyane. Cela faiɕt pour ofter tout ce qui reftoit de
feureté à ceux de la Religion, les fix Capitaines des Par-
fans furent caffez, & les villes de Sauueterre, Orthez,
Oleron & Nay remplies de garnifons. Le Roy eftant de
retour à Pau, donna la prefidence aux Euefques dans les
Eftats y conuoquez, pour leur donner par ce moyen l'autorité principale dans le pays. Et Dieu vueille qu'il n'ex-
perimente encore d'eux la mefme perfidie qui en chaffa
fon pere en fon enfance. Et que les pratiques de l'ennemy voifin ne trouuent en eux la facilité à luy dóner l'accez dans la France par cefte porte, où la fidelité des noftres à toufiours feruy de rempart. Or afin qu'il ne reftaft
rien où la feureté & liberté de noftre Religion ne fuffent
violees, les Iefuites furent faits maiftres de tous les Temples où s'en faifoit l'exercice, quoy que la condition de
la main-leuee mefme, portaft cefte referue, que les temples demeureroient aux noftres tandis qu'il leur en feroit
pourueu d'ailleurs. Tous ces changemens fe faifans en
hayne de noftre religion, & comme pour la bannir hors
du pays, l'audace de tous ceux qui font nourris & incitez
continuellement à nous mal faire, en creut de telle forte, qu'au lieu que le refpeɕt de la prefence du Roy les
deuoit retenir, leur licence au contraire desborda fi
auant, qu'en tous les lieux où ils mirent le pied, nos temples ne peurent eftre guarantis d'infinis rauages & fcãda-
les, iufques-là, que dedans Pau mefme (le Roy y eftant)
ayant brizé la chaire & les bancs du Temple, on y bruffa
publiquement la Bible & le Nouueau Teftament. Les
Miniftres en diuers lieux furent outragez, & plufieurs
perfonnes contraintes contre leurs confciences à s'age-
noüiller auy proceffions. Le furplus des infolences, vio-

lences & excez que ce pauure pays ressentit est innom-
brable, & tel que les plus cruels ennemis auroient peu
exercer au milieu d'vne terre conquise. Là dessus pour
triomphe, Arnoux fait vn liure intitulé, *Le Roy en Bearn,*
où ne se pouuant tenir de ioye de voir ses desseins si auã-
cez, donne clairement à cognoistre iusqu'où il pretend
qu'ils se doiuent estendre. Nous enseigne quelle suitte
nous en deuons attendre. Le Roy à son compte ne doit
cesser iusqu'à ce qu'il ait esteint la Religion qu'il abhor-
re. Et le haut esleuant, pour ce commencement & pour
la suitte du dessein, au dessus du feu Roy son Pere, laisse
à soubs entendre que la mort de ce bon Roy luy ayant
esté aduancee pour le refus qu'il auoit fait d'en venir iusques-là: Sa Maiesté doit attendre auiourd'huy d'eux vn
plus fauorable traittement à la charge de continuer.

Le Bearn reduit en ce miserable estet, le Roy s'en re-
tournant laissa vne partie de son armee en Guyenne, &
espandit le reste par le Poictou, remplissant toutes nos
Eglises d'effroy. Et de-la en auant on n'oit parler que de
la ruyne des Huguenots. Tout le discours de la Cour
n'est que du siege de la Rochelle. On dict qu'il n'y en a
pas pour trois mois, qu'on n'attend plus que la saison
commode. Cependant toutes les promesses faictes à
Loudun estans negligees, le temps passé sans qu'il y en
eust rien d'accomply (hors la deliurance du breuet de la
garde des places, car la reception des deux Conseillers à
esté quelques mois depuis) quelque instance qu'en eussent faict nos Deputez generaux durant tout ce temps:
la conuocation des Deputez nommez par les prouinces
(& obligez de se reünir pour representer leurs requestes
à sa Maiesté sur l'inexecution des choses promises) se fait
par la ville de la Rochelle qui les y assigne au 25. de Nouembre. Nous ne voulons point obmettre qu'apres les

changemens faits au Bearn , la ville de Leytoure fut re-
mife à vn Gentil-homme de la Religion , mais nous remettons à iuger à toutes perfonnes equitables fivne garnifon Catholique y ayant efté laiffee , & contre l'ordre
du gouuernement precedent de la ville, vn Lieutenant
eftably, lequel mefme n'a iamais eu approbation du Sy-
node de la Prouince, fuiuant le defir du breuet du Roy,
de la garde des places de feureté : la bonne foy a efté ob-
feruee en ce poinct , comme elle y auoit efté promife.
Nous remettons à iuger encore, fi apres que toutes les
feuretez d'vn pays nous ont efté arrachees , ce chef des
promeffes executé de la forte & tous les autres negligez
& demeurez fans accompliffement , le droict de nous
plaindre d'vne contrauention fi manifefte,& de ces nou-
ueaux griefs fi cuifans,& de tous les autres qui reftoient,
a ceffé,fi la neceffité en eft diminuee, & fi l'accez & la liberté nous en ont deu eftre interdits. Tellé eftant donc
l'importance des raifons de noüs r'affembler , & de recourir promptement en toute humilité à la Iuftice du
Roy, comme nous en auions permiffion , neantmoins à
peine eftions nous encore tous rendus en ce lieu , qu'on
fit publier vne Declaration pour nous rendre criminels,
denonçant ire & iugement de condamnation contre les
conuoquans & les conuoquez. Mais cependant autant
que nous fentons que le mal nous preffe , que nos confciences nous interpellent d'accomplir la charge que
nos Eglifes nous auoient donnees : que nous y auons en
fincerité le tefmoignage de proceder auec iuftice. Nous
nous mettons en deuoir de prefenter au Roy nos tref-
humbles remonftrances pour nous purger des fauffes
accufations & des crimes dont nos ennemis nous char-
geoient, abufans de l'authorité de fon nom pour deftrui-
re la verité de la parole qu'il nous auoit donnee.Lui faire

entendre l'vrgente neceſſité de nos iuſtes plaintes. Le re-
querir en toute humilité qu'il luy pleuſt deliurer nos
Egliſes de tant d'allarmes & d'eſpouuantemens dont elles ſe voyoient de tous coſtez enceintes. En ſomme ſe
monſtrer noſtre protecteur contre vne ſi violente oppreſſion qui nous eſt faicte par tout ſon Royaume au
preiudice de l'authorité de ſes Edicts, & contre les menaces ouuertes de noſtre ruyne, que l'exemple des maux
de Bearn rendoient ſi formidables. Mais nous trouuons
que nos ennemis auoient bouſché les oreilles de ſa M. à
toutes nos requeſtes, qui ſont reiettees ſans qu'on vueille rien receuoir ny entendre de noſtre part. Et en meſme
temps on procede dans les Parlemens & Bailliages cri-
minellemeut contre nous. On menace ceſte ville & nous
de guerre ouuerte comme rebelles & ſeditieux.

Or là deſſus iugeans par l'experience du paſſé, & à la
methode de nos ennemis, en laquelle noſtre dommage
ne nous auoit deſia rendus que trop ſçauans & experi-
mentez, que ceſte accuſation & ces menaces ſe faiſoient
pour authoriſer vn refus & deſny de iuſtice, & nous faire
perdre toute eſperance de rien obtenir à l'aduenir en nos
plus iuſtes & neceſſaires plainctes, nous inſiſtons à pluſieurs fois en la iuſtification de noſtre innocence, & per-
ſeuerons à ſupplier, & à ietter aux pieds de ſa M. nos tres-
humbles requeſtes. Mais comme tout accez nous eſt in-
terdit, & que pour charger noſtre procedure de haine,
meſmes à l'endroit des noſtres, & pour faire naiſtre des
diuiſions parmy nos Egliſes, nos ennemis faiſoient donner quelques paroles à nos Deputez generaux & à pluſieurs autres d'entre nous, que le Roy, reſolu de ne rien
ouyr de noſtre part, vouloit neantmoins traitter fauora-
blement ſes ſubiects de la Religion & leur rendre iuſtice. Qu'il entendroit voⁱontiers leurs plaintes par les De-

putez generaux & sous le nom des Eglises. Pour experimenter quel effect auroient ces paroles, nous intermettons toute poursuitte en nostre nom, & nous retenons dans le silence, la remettons entiere à nos Deputez generaux pour la faire en leur nom, & au nom des Eglises. Et certainement nous ne craindrons point d'adiouster que si l'estat de nos maux croissans de iour en iour, & menaçans de pis, n'eust accreu nostre apprehension & nostre iuste defiance, vaincus de tant de chagrin, de rebuts, de menaces, & de desespoir de tout succez, nous n'aurions eu plus grand desir que de nous retirer, & peut estre que nos Eglises ne l'eussent improuué. Mais en mesme temps la fraude de nos ennemis s'est descouerte plus auant, & la persecution proiettee contre nous, esclattant en diuers endroicts a manifesté leur dessein par tant de perfidies & de violences, qu'estans maintenant obligez pour la iustification de nostre innocence & de nostre defense legitime côtre la guerre qu'ils nous font, d'estaller icy leur procedure aux yeux de tout le monde, nous douterions pour l'honneur de la France de publier des faits si odieux, si en mesme temps on ne recognoissoit que ceux qui en sont autheurs, sont ses vrais ennemis, & ont coniuré sa ruine auec la nostre.

Premierement soubs l'apparence de ces belles promesses, que le Roy vouloit entretenir les Edicts faits en faueur de ses subiects de la Religion, & leur donner contentement sur leurs plaintes des contrauentions faites à iceux, on attire à la Cour Monsieur le Duc de Lesdiguieres par l'esperance que son entremise contribueroit à obtenir ce contentement, & sous ceste mesme asseurance on entretient tous les autres Seigneurs qui sont parmi nous, & les personnes plus considerables. Cependât en mesme temps Monsieur de Montmorécy leue les armes

contre nous au Languedoc, & apres plusieurs actes d'ho-
stilité commis, attaque Villeneufue de Berg que nous te-
nions en Viuarez. Et comme il estoit aysé à preuoir que
ceste violence trouueroit de l'opposition, on y enuoye de
la Cour le sieur de Reaux Lieutenãt des gardes du corps,
portant en apparence commandement de faire desarmer
tour ce qu'il trouueroit armé. Monsieur de Chastillon (de
qui la prudence & l'affection au seruice du Roy, & à la
paix de son Royaume, auoit retenu iusques-là l'impatien-
ce des peuples, desireux de repousser la force qui leur
estoit faicte) ayant esté aduerty de la charge dud. sieur de
Reaux par vn Archer qu'il luy enuoya, continuë d'arre-
ster l'esmotion des nostres, & comme il attend des nouuelles plus particulieres dudit sieur de Reaux & de l'o-
beyssance de Monsieur de Montmorency, au commandement qu'il portoit, Villeneufue de Berg qui auoit desia
repoussé deux escalades, & tous les efforts qui auoient
esté faits à la porte, s'estant renduë au seul nom du Roy,
entre les mains dudit sieur de Reaux, & soubmise à sa
protection & sauuegarde, Monsieur de Montmorency
y estant entré y establit garnison, qui à l'instant mesme y
commet toutes sortes d'excez & d'outrages. Sur ce, les
nostres ayans esté induits à s'armer, pour la defiance de
telle fraudes, & pour la necessité de leur defence, le sieur
de Reaux estant venu trouuer Monsieur de Chastillon,
& sous l'asseurance qu'il luy donne que Villeneufue ne
Berg seroit renduë, & par l'esperance que selon les con-
uentions du traicté accordé entr'eux toutes choses seroient restablies en paix, ayãt obtenu qu'il desarmeroit:
ainsi qu'il y satisfaisoit de bonne foy, Monsieur de Montmorency au lieu d'y obeyr de sa part, loge cinq ou six
compagnies dedans Villeneufue de Berg, & y faict pro-
clamer à son de tambour, le sieur de Perault pour gouuer-

ſieur, & de plus ayant deliuré pluſieurs nouuelles com-
miſſions, dattees du lendemain que ledit ſieur de Reaux
eſtoit arriué aupres de luy, il aſſiege Vals autre place de
Viuarets, tenuë par les noſtres, où meſme ledict ſieur de
Reaux, cependãt que Monſieur de Chaſtillon ſe repoſoit
ſur ſa parole, de faire accomplir le traiɥté à M. de Montmorency, aſſiſtoit luy-meſme en perſonne & eſtoit ſpe-
ɥtateur de la batterie. Ceſte place petite & foible n'ayant
rien que ſes habitans apres auoir enduré cent coups de
canon, s'eſtant renduë à compoſition honorable, contre
la capitulation expreſſe, toutes ſortes de cruautez, violences & barbaries y ont eſté exercees ſur vne infinité de
pauures perſonnes innecentes cruellemét meurtries ou
violees. Et contre la foy du meſme traiɥté, le ſemblable a
eſté encore faiɥt en ſuitte à Valons autre place voiſine.
Ces fraudes & contrauentions aux traitez ſimulez mani-
feſtent à tous que la parole du Roy & ſon commandement apparent n'ont eſté employez que pour ſeruir de
piege à noſtre bonne foy & pour donner occaſion, ſous
vn adueu tacite de tout ce que Monſieur de Montmorécy feroit au contraire, à nous faire perdre ces places.
En meſme temps encore le ſieur de Poyane s'eſtant
fortifié dans le Bearn pour en chaſſer Monſieur de la
Force, on enuoye de la part du Roy le ſieur de la Saladie
à monſieur de la Force, pour luy faire commandement
de congedier quelques trouppes qu'il tenoit pres de luy
pour ſa ſeureté, & pour maintenir l'authorité du Roy en
ſa charge au gouuernement du pays, contre les entrepriſes violentes dudiɥt ſieur de Poyane. Mais ledit ſieur
de la Saladie au lieu de remporter la reſponce de Monſieur de la Force au Roy, comme il faiſoit ſemblant, eſt
allé par la Guyenne porter commandement d'armer à
Monſieur d'Eſpernon, de Vignoles, & à pluſieurs autres,

d’où nous auons veu à l’inftant toute la Guyenne remplie d’armes, outre celles qui y auoient efté auparauant laiffees.

D’autre cofté nous auons veu en ce mefme inftant les trouppes laiffees dans le Poiĉtou s’auoifiner des enuirons de cette ville, & de S. Iean d’Angely. Et par vn Arreft du Confeil tous les Bureaux des receptes transferez de toutes les places de noftre feureté où ils eftoient eftablis : Argument fenfible, qu’encore que la feule ville de la Rochelle fuft menaffee, on en vouloit neantmoings à toutes les autres, & d’vn deffein de guerre generale contre nous formé & proche ; Cefte tranflation ne fe faifant pour autre caufe que pour nous ofter le moyen, la perfecution ja refoluë furuenant, de nous ayder de ces commoditez pour noftre defence , preuue par confequent qu’on fe preparoit de nous y reduire.

Or comme par ces alterations nouuelles à noftre repos, ces menaces, l’oppreffion & la perfecution ouuerte en tant de lieux, nous preuoyons affez l’orage qui nous panchoit fur la tefte & preft à efclatter, recognoiffans encore que nos ennemis enflez du fucccz rencontré au rauage & defolation de Bearn n’auoient attendu depuis que la faifon commode de continuer noftre ruyne par vne guerre ouuerte, ayans de cela prou d’enfeignemens par les propos qu’on auoit tenu ouuertement, au retour de Bearn, au fiege de la Rochelle , des moyens & de la facilité de la prendre. Par les difcours qu’à toutes heures on tenoit au Roy de la ruine des Huguenots. Par les calomnies qu’on nous fufcitoit pour en auoir pretexte, par les menaces que nous en entendions, & par les apprets qui s’en faifoient vifiblement. Neantmoins foubs les paroles qu’on donnoit de la bonne volonté du Roy enuers fes fuiets de la Religió & à l’autorité de fes Ediĉts,

nos

nos Deputes generaux à l'entremise desquels toute la
poursuitte estoit remise , presentement à sa Majesté vn
cahier de plaintes pour auoir reparation sur quelques
griefs des plus importans , & d'vne plus prompte & necessaire execution pour le repos & la seureté de nos
Eglises.

Mais apres plusieurs instances & remises, apres diuer-
ses solicitations & prieres de tous ceux qui tiennent les
premiers rangs entre nous, mesme de Monsieur le Duc
de Lesdiguieres present à la Court, nos Deputez generaux n'ont iamais peu obtenir aucune response. Seulement Monsieur de Fabas l'vn d'iceux, & vn Gentilhom-
me de la part de Monsieur le Duc de Lesdiguieres estant
venu vers nous , & nous ayans fait entendre conforme-
ment à vn escrit de Mondict sieur de Lesdiguieres signé
de sa main. Que pour tout contentement sur tant de
plaintes, Monsieur le Duc de Lesdiguieres se promettoit
(car le Roy , quoy qu'on fist esperer à nos Eglises qu'il
vouloit entretenir les Edicts, ne donnoit pas mesme icy
sa parole ny de sa bouche ny par aucun ministre de l'E-
stat) que moyennant nostre separation prealablement
effectuee , on obtiendroit la retraitte des troupes des
lieux où elles nous donnoient quelque defiance. Que
l'Estat des places de Dauphiné seroit cherché pour nous
estre deliuré dans six mois au cas qu'il se trouuast. Qu'il
seroit pourueu pour ceux de Bearn au remplacement des
derniers accordez au lieu des reuenus Ecclesiastiques.
Que Monsieur de la Force & ses enfans seroient laissez
en leurs charges. Et au surplus que parole tres asseuree
luy auoit esté donnee que rien ne seroit entrepris, atten-
dant le temps qu'il conuiendroit pour auoir nos resolu-
tions. Mais comme nous vaquions à icelle nous eusmes
aduis par Monsieur Chalas, l'autre de nos Deputez ge-

neraux, que le lendemain & contre lefdictes promeffes nos ennemis auoient porté le Roy à refoudre abfolument & ouuertement la guerre contre nous. Et à faire le departement d'vne armee de quarante & vn mille hômes de pied & de fix mille cheuaux. Et que la charge de Monfieur de la Force du gouuernement de Bearn auoit efté donnee à Monfieur le Marefchal de Themines, & celle de Capitaine des Gardes qu'auoit Monfieur le Marquis de la Force fon fils, donnee à Monfieur le Marquis de Mauny, & que Monfieur de Monpoüillan vn autre de fes fils auoit eu commandement de fe retirer de la Cour.

En ce mefme temps comme nos ennemis haftoient noftre perfecution par toutes fortes de moyens, les predications feditieufes, l'inftruction des confeffions, les libelles diffamatoires, les calomnies & impoftures contre noftre fidelité, l'impreffion de la haine du Roy contre noftre Religion, & les declarations de guerre publiees contre nous produifant leur effect, eft arriué en la ville de Tours le 19. d'Apuril qu'vn nommé Martin le Noir peu auparauant conuerty à noftre religion, pour raifon dequoy il auoit fouffert plufieurs iniures & conuices, iufques là que le peuple ayant fait vne effigie de paille, & l'appellans tantoft de fon nom, tantoft de Martin Luther, l'auoit publiquement bruflee, fans qu'on ait iamais peu obtenir iuftice d'vne infolence fi outrageufe : eftant lors decedé ainfi qu'on le portoit en terre, le peuple s'eftant mutiné apres auoir feui fur fon corps & ceux qui le portoient au fepulchre, apres auoir commis toutes fortes d'indignitez & d'inhumanitez au deterrement d'iceluy, cherchant à faire pis, efmeut vne plus violente fedition, & ayant abbatu & demoly vne maifon proche du cimetiere, court au Temple efloigné de là d'vn quart de

lieuë, y met le feu, entre dans la maison du concierge, la
pille & la saccage, & estant accreu iusqu'au nombre d'v-
ne effroyable multitude, demeure trois iours entiers à
continuer l'embrasement & la demolition du Temple
sans que le Magistrat y interuint, ou qu'y interuenant
trop tard il ait peu suffire à reprimer vne violence si en-
ragee. De là l'exemple de ceste sedition passe incontinēt
en la ville de Poictiers, où le peuple poussé de pareille fureur a demoly de fonds en comble les murailles du cimetiere où ceux de la Religion enterrent leurs morts, rom-
pu & brisé toutes les tumbes, & prest à commettre vne
semblable violence contre le Temple, si le Magistrat plus
soigneux n'en eust arresté le cours.

Or toute la suitte des conseils & des actions de nos
ennemis iusques-là, & principalement ces funestes &
espouuantables esclandres, ces grāds preparatifs de guerre, l'iniuste & rigoureux traittement fait sans cause à
Monsieur de la Force & à ses enfans, contre les asseurances tout fraischement donnees du contraire, auec les armes toutes prestes sous le commandemēt de Monsieur
d'Espernon pour l'inuasion de Bearn, tesmoignoient &
donnoyent assez à cognoistre que l'heure d'vne persecution generale estoit venuë, & que le dessein ia long temps
formé de nostre ruine estoit esclos. Pour ceste cause nos
ennemis, à fin que leur perfidie peust ioüer leur ieu & faire son effort font promettre d'vn costé que le Roy feroit faire iustice de la sedition de Tours, & à fin de leuer
ailleurs les deffiances, ou pour endormir les plus confi-
dents, font verifier en tous les Parlemens vne Declaratiō
du 27. d'Auril, portant que le Roy voulant chastier quelques vns de ses suiects de la Religion (qu'on appelle rebelles & seditieux) vouloit & promettoit d'entretenir
ses Edicts à tous ceux qui demeureroient en son obeïs-

sance, les maintenir & conseruer en toute liberté & seureté, suiuant le contenu des Edicts. Et finalement font donner asseurance à Monsieur de la Force, que quittant le Bearn, & en donnant aduis à Monsieur d'Espernon, on luy feroit commandement de se retirer. Or voicy quel a esté l'effet de ses promesses. Nous commencerons par le dernier chef qui a esté le premier violé. Monsieur de la Force s'estant retiré, & ayant donné aduis à Monsieur d'Espernon de son desarmement & de sa retraitte par le sieur Baron d'Arros, incontinent apres Monsieur d'Espernon est entré auec son armee dans le pays, s'est saisi de toutes les villes & places où ceux de nostre Religion estoient en plus grand nombre, les a remplies de fortes garnisons, razé le Chasteau de Montanay, & reduit tous les nostres à vn si deplorable estat, que la plus part, voire les principaux ont esté contraints de s'enfuir, d'abandonner leurs biens & leur pays, auec meurtre de plusieurs personnes desarmees & sans defense, & les autres demeurent à present retenus sous vne miserable seruitude, souffrans toutes sortes d'iniures & de cruautez. D'autre costé le Roy s'aduançant pour l'execution des menaces publiees contre ceste ville, apres auir respandu par tout ses asseurances, qu'il n'en vouloit point au general de ceux de nostre Religion, & donné particulieres promesses aux gouuerneurs de quelques places de nostre seureté, qu'entrant en icelles il n'y innoueroit rien, Ayant passé par Tours où la sedition s'estant renforcee, & le Commissaire enuoyé pour l'execution de la iustice, chassé dehors, les prisonniers tirez des prisons par violence, les maisons des nostres (qui par l'effroy du premier tumulte s'estoient retirez) pillees & saccagees, à peine la seule reuerence du Roy violee a esté expiee par le supplice de cinq miserables belistres. Et cela encore pour entretenir la credulité de ceux qu'on voudroit repaiſtre d'opinion, que l'entretenement des Edicts ſeroit continué. Sa Maieſté eſt venuë à Saumur où Monſieur du Pleſſis, ſous les promeſſes expreſſes qu'on luy auoit donnees, que rien ne ſeroit changé au gouuernement, & ſous la foy de la Declaration publiee trois ſemaines auparauant, ayant ouuert les portes de la ville & du Chaſteau au Roy, a faict l'eſſay à noſtre grand dommage, des fraudes & perfidies de nos ennemis, qui ont induit le Roy à luy oſter le gouuernement, & à mettre vne garniſon de 400. ſoldats de ſes gardes dans le Chaſteau, & vn autre dans le fauxbourg de la Croix verte, & par ce moyen nous faire perdre ceſte place de ſeureté. Auec quelle horreur & indignation toute la France peut elle voir que les ennemis de ſon repos & du ſeruice du Roy, abuſent ainſi perfidemment de ſon nom & de ſa parole, pour commettre des deſloyautez ſi deteſtables? Il ny a que dix mois que par breuet expres de ſa Majeſté, la garde des places de ſeureté nous a eſté continuee pour quatre ans. Entre toutes, la ville de Saumur eſtoit vne des plus importãtes à noſtre ſeureté. Elle eſtoit en nos mains depuis que le feu Roy eſtãt Roy de Nauarre appellé par le Roy Henry III. à ſon ſecours, vint ſuiui de ceux de noſtre Religiõ, pour le deliurer de la captiuité & de la tyrãnie de la Ligue, on luy dõna ceſte ville pour le paſſage, & elle demeura dés lors en nos mains pour marque de nos bõs ſeruices, & de noſtre fidelité à ceſte Couronne. Ceſte place ſize ſur la Loire eſtoit pour nous ſeruir, aux perſecutions & aux confuſions que les ennemis de cet Eſtat eſmeuuent auiourd'huy, de retraitte ou de paſſage commode à tant de pauures troupeaux deſcouuerts, pour ſe ſauuer de la furie des feux ou des glaiues qu'on leur prepare Ceſte ville durãt le repos des annees paſſees a ſerui de pepiniere à nos Egliſes, & eſtoit le logis d'vne Academie aſſez floriſſante. Pour ces cauſes la cruauté de nos ennemis a pouſſé le Roy à nous commencer la guerre en laquelles ils le precipitent contre nous, par vne playe ſi cuiſante, que pour nous faire, auec plus de facilité, toutes les calomnies precedâtes, tous les pretextes de deſobeiſſance & rebellion, toutes les Declarations particulieres contre noſtre Aſſemblee & ceſte ville, toutes les Declarations & promeſſes fraudulenſes en faueur de ceux qui demeureroyent en l'obeyſſance du Roy ont eſté employees. Car pourroit-on bien dire que Monſieur du Pleſſis, de qui perſonne n'ignore les longs & fidelles ſeruices rendus au feu Roy & à ſa Majeſté à preſent regnante, ait commis quelque deſobeyſſance & rebellion, Ains n'auoit-il pas meſmes paſſé toute meſure de confiance en la deſloyauté de nos ennemis pour le reſpect du ſeul nom du Roy? Et eſtimant deſtourner de deſſus ſa teſte l'orage duquel il voyoit vne partie des noſtres ouuertement menacez, auoit luy meſme publié le benefice de ceſte trompeuſe Declaration, & pour en faire la premiere eſpreuue ouuert au Roy auec tant de confiance les portes de la ville. Auſſi le maſque leué en ceſt endroit, on n'a plus fait de doute de mõſtrer qu'on en veut à tout le general. Car auſſi toſt que le Roy a eſté à Saumur on a eu nouuelles du deſarmement qui s'eſt fait de tous ceux de la Religion par toutes les principales villes de la Normandie & d'ailleurs. Ceux-là eſtoient-ils auſſi criminels, ou depuis la Declaration ont-ils commis rebellion ou deſobeyſſance? qui plus eſt comme le Roy eſtoit à Saumur, le ſieur Arnaut eſt alé à S. Iean d'Angely le iour de Samedy 15. du preſent, portant commandement à Monſieur le Duc de Rohan & à Monſieur de Soubize d'aller trouuer ſa Majeſté, comme deſirant auoir leur aduis pour vn accommodement des af faires preſentes. Ceci ſe faiſoir à deux fins. L'vne, afin que pour l'eſperance de quelque iuſtice, les grands & les peuples de noſtre Religion fuſſent retenus comme ils ont eſté iuſques à preſent, tandis qu'on diligentoit de toutes parts contre nous les preparatifs de la guerre. L'autre principale & plus proche, pour couurir la defiance ou le ſoupçon des troupes du Roy conduittes par Monſieur d'Auriac, qui le l'endemain s'eſtant ietté dans les faux-bourgs de S. Iean auec trois mille cinq cens hommes attaqua la ville & fit effort iuſques dedans les portes pour y entrer & la ſurprendre d'aſſaut s'il n'y euſt trouué reſiſtance. Ceſte ville eſtoit-elle criminelle ? la pouuoit-elle eſtre que ces Seigneurs ne le fuſſent ? Et cependant le Roy eſcrit à Monſieur le Duc de Rohan comme le recognoiſſant fidele & affectionné à ſon ſeruice & Gouuerneur & ſon Lieutenant en la Prouince du Poictou, ce qui ne ſe feroit pas à vn rebelle & deſobeyſſant. Quel autre crime a donc commis ceſte ville pour eſtre inueſtie & menacee de ſiege, & reduitte comme elle eſt à preſent, à attendre deuant ſes murailles le canon du Roy & ſon armee qui s'auance en diligence pour l'aſſieger? Quel crime a commis encore la ville de largeau & autres places de ſeureté, qui en meſme temps ont eſté inueſties & ſurpriſes, autre que le crime qu'on a iuré de ne nous pardonner pas ? que la haine de noſtre Religion dont ils ont coniuré la ruine ?

C'eſt ce que nous propoſons deuant les yeux de tous les François, & non ſeulement d'eux, mais de tous les Chreſtiens que nous appellons icy pour iuges de noſtre innocence, & de la violente perſecution que nous ſouffrons iniuſtement. Et encore que le precedent recit veritable des procedures de nos ennemis contre nous, & des noſtres enuers noſtre Roy, donne aſſez à cognoiſtre la

calomnie de l'accusation par laquelle ils nous publient
rebelles & desobeissans, toutesfois pour ne laisser aucun
ombrage qui puisse aliener de nous la faueur du iugemét
equitable des gens de bien, leur compassion de nos mi-
seres: & leur secours, du besoin de nostre defense necessaire & iuste : il nous est aisé de faire voir qu'il n'y a en
nous ny soupçon ny apparance du crime de rebellion
qu'ils nous imposent. Ia à Dieu ne plaise qu'aucun estime que les plaintes, que la violence de l'oppression ex-
torque de nous, regardent nostre Roy, auquel nous recognoissons & reuerons de tout nostre cœur l'image de
Dieu icy bas. Mais si reiettans sur ceux qui abusent de ses
affections & de sa conscience l'iniustice dont nous nous
plaignons, nous voulions dire quels eux-mesmes sont
qui nous accusent, toute la France, qui gemit opprimee
sous l'insupportable faix de leur tyrannie, tesmoigneroit
pour nous que nous ne le dirõs point par recrimination
ny par calomnie. Mais il suffira pour nostre innocence
de nous purger de l'accusation. Or ils nous accusent d'e-
stre rebelles & desobeissans, & de heurter contre l'autorité du Roy. Graces à Dieu la religion que nous auons
au cœur, & que nous auons declareé par vne solennelle
Confession presentee à nos Roys pour leur tesmoigner
auec la pureté du seruice que nous rendõs à Dieu, nostre
sincerité à leur obeissance, nous a ia long temps deschar-
gez de ce blasme. Nous ne recognoissons aucune puissance en terre superieure à celle de nostre Roy. Nous
n'auons point de serment à d'autre. Nous detestons toute doctrine qui enseigne que directement ou indirecte-
ment nous puissions estre desliez de celuy que nous auõs
iuré à son obeissance. Et à la profession saincte de ces enseignemens se rapportent aussi toutes les actions & de
nos peres & de nous. Où s'est-il trouué d'entre nous,
qui

qui ait trempé le cousteau detestable dans le sang de nos
Roys, qui ait ioint son glaiue à celuy de l'ennemy de la
France pour deschirer ses entrailles ? Ainsi apres tant de
mortelles playes qu'elle en a receu cy deuāt, Dieu s'est-il
pas serui des bras de nos peres pour ayder à la releuer
comme du tombeau? Et auiourd'huy que la mesme coniuration se renouë, que ceux qui ont iuré haine mortelle
à nostre Religion, & par vne esgale fureur se font de-
uoüez à la ruine & destruction de tous les Estats de la
Chrestienté, & particulierement de ceste Monarchie,
tenans le cœur & les volontez du Roy comme en leurs
mains, dependantes des suggestions qu'ils font à sa conscience, l'induisent à mettre son Estat en hazard pour
nous perdre : nous osons dire que le temps & l'experience luy feront encore recognoistre qu'il n'a rien de plus
ferme en son Royaume pour l'appuy de sa Couronne
que nostre fidelité. Et certainement il n'est rien de plus
exposé aux yeux de tous ceux qui nous considerent, que
de recognoistre que les interests de nostre conseruation
sont inseparablement attachez au repos & à la paix de
ceste Couronne, & à l'affermissemèt de l'authorité de
nostre Prince. Il est indubitable que selon les moyens
humains dont Dieu se sert pour l'auancement de son
œuure, la conseruation & accroissement de nostre Religion en ce Royaume, dependent de la liberté & seureté
des Edicts sous lesquels nous viuons; l'entretien des
Edicts, de l'authorité absoluë du Roy. Tesmoin en soit
le Regne heureux de Henry le Grand, lequel comme
Dieu eust esleué en puissance & authorité absoluë plus
qu'aucun des Roys de la Chrestienté, aussi auons nous
veu lors sous la prosperité & grandeur de ceste Monarchie nos Eglises fleurir & se replanter auec tant de succez, que nos ennemis en creuans de despit n'ont cessé

iufqu'à ce qu'ils ayent perfidement raui là la France ce Roy fi abfolu. Et encore auiourd'huy que pour pretexte de nous courir fus & faire la guerre à noftre Religion, ils nous ont accufez de defobeyfiance, auons nous fait autre chofe que de nous plaindre de l'authorité du Roy & de fes Edicts violez, & d'en demander le reftabliffement? Et en cela y a-il quelque ombrage de rebellion contre noftre Prince? Nous nous fommes affemblez pour luy demander iuftice. Manquions nous de neceffité ou de droict de le faire? Nous l'auons cy deffus iuftifié par l'eftat de nos maux, & la qualité des promeffes qu'on nous auoit donnees. Auons nous outrepaffé les loix de la plainte? Si refufez nous auons recouru plufieurs fois, & plufieurs fois effayé de ietter nos tres-humbles requeftes aux pieds de noftre Roy. Hé! qui peut trouuer mauuais ou blafmer que nous facions enuers noftre Roy, image de Dieu en terre, ce que Dieu nous commande que nous facions vers luy? Et pour eftre demeurez enfemble plufieurs Deputez de toutes les Prouinces, infiftans de remporter de la grace du Roy l'effect de fes bonnes volontez enuers nous, eft-ce point vne maligne & iniurieufe chicannerie, que pour authorifer vn defny de iuftice, on nous accufe de donner ombrage à l'authorité du Roy? Et pour vn fpecieux exemple du refus qu'on nous fait, on allegue que les Eftats apres la prefentation de leurs cahiers fe retirent fans attendre la refponce. Mais qu'auons nous de commun auec des Eftats? toutes nos demandes font particulieres. Nous ne demandons pas de faire des reglemens dans l'Eftat, ou de nouuelles ordonnances, en quoy certainement l'anthorité Monarchique feroit diminuee ou partagee, fi les Eftats y contribuoyent autrement que par leurs aduis. Mais tout ce que nous demandons eft, que des Temples bruflez nous foient reparez

que l'exercice de noſtre Religion nous ſoit reſtably, que
des villes oſtees de nos mains, en la garde deſquels le
Roy les a commiſes nous ſoient reſtituees. Que des officiers ſoient receus. Des enfans arrachez par force des
bras de leurs peres leurs ſoient rendus, & autres choſes
ſemblables. En quoy l'autorité du Roy eſt·elle bleſſee,
s'il nous octroye ſur le champ que iuſtice en ſoit faite? Si
le particulier à qui l'iniure eſt faite en peut iuſtement demander & attendre iuſtice du Roy, pourquoy ſi l'iniure
eſt faite en haine du public, au public ne ſera·il pas permis le meſme? Ainſi y a-il rien de plus inique que de nous
auoir accuſez de rebellion & de deſobeiſſance pour nous
eſtre plaints, & pour auoir demandé iuſtice en ceſte ſorte? rien de plus cruel que de nous perſecuter pour ceſte
cauſe, & nous faire la guerre? Mais c'eſt aſſez pour recognoiſtre que les pretextes recherchez par nos ennemis
ſont artifices colorez pour executer le deſſein de long
temps coniuré de faire la guerre à noſtre Religion, & de
ietter la France en confuſion & en trouble.

Partant ſi on conſidere la iuſtice & la neceſſité pre-
ſente que nous auons eu de recourir par nos plaintes à la
protection du Roy. Le droit & la permiſſion qui nous
auoit eſté octroyee de nous raſſembler pour ce faire par
des paroles ſi expreſſes & ſi ſolennelles. Le manquement
& la contrauention aux promeſſes interuenu par la fraude de nos ennemis. Leur violence à nous empeſcher l'accez vers la Majeſté de noſtre Prince & à faire ietter toutes nos requeſtes. L'iniuſtice de leur accuſation, & le
crime calomnieux de rebellion qu'ils nous impoſent. Si
on conſidere la deſloyauté de leur procedure tādis qu'ils
temporiſent ſur le refus de nous faire iuſtice, pour nous
oſter trois villes à la fois en Viuarez ſur la fraude d'vn
traitté, & par la rupture de la foy publique. Enuahir tout

le pays de Bearn contre vne ſtipulation ſi expreſſe & ſi pleinement accomplie de noſtre part. Puis apres y commettre des actes d'hoſtilité ſi ſanglans & ſi inhumains. Et finalement ſi on conſidere vne perfidie ſi infame, que ſous la couuerture d'vne Declaration authoriſee du ſacré nom du Roy, & verifiee dans tous les Parlemens de Frãce, promettant ſeureté & liberté ſous l'entretien des Edicts à tõus ceux de la Religion qui demeureroyent en obeiſſance, on ſe ſoit emparé de Saumur ou auec tant d'obeiſſance & de reſpect les portes ont eſté ouuertes, ſous des promeſſes expreſſes & particulieres, (outre la foy publique de la Declaration) que rien ny ſeroit innoué. Que par vne meſme fraude & trahiſon la ville de Iargeau & autres places de ſeureté au meſme temps ont eſté enuahies, celle de S. Iean attaquee, & maintenant en l'attente d'vne deſolation entiere. Tous ceux de la Religion deſarmez par toutes les principales villes de Normandie & d'ailleurs, pour les appreſter, helas! à vne plus facile boucherie à laquelle ils ſont expoſez. Si on conſidere, diſons-nous, toutes ces choſes enſemble, nous ne doutons nullement qu'on ne recognoiſſe que nous ſouffrons ceſte perſecution pour iuſtice, & en haine de noſtre Religion, qu'vne coniuration vniuerſelle par toute l'Europe menace auiourd'huy de deſtruire.

Pourtant eſtant reduits pour la liberté de nos conſciences, & pour les affections de noſtre patrie de chercher en nous meſmes, & vers les amis de noſtre Religion & de ceſt Eſtat, vne iuſte & neceſſaire deffence. Nous nous addreſſons encore ici auec larmes à Nostre Roy, le ſupplians en toute humilité conſiderer & croire, que les vœux & plus ardans deſirs, que nous eſpandons continuellement vers Dieu en nos prieres, ſont pour la proſperité de ſa perſonne, & de ſon Eſtat. Et qu'il ſe ſouuien-

né que nos peres, enseignez par leur Religion à la vraye
obeyssance deuë à leur Roy, ont abandoné le soin de
leurs propres vies, pour rendre vtiles & fructueux le soin
& les labeurs de Henry le Grand, & contribuer à la re-
conqueste de ce Royaume perfidement vendu & mis en
proye à ses ennemis, par les mesmes pretextes de haine
& de persecution contre nostre Religion & nous. Et que
par là il entende que nous suiuans l'exemple de nos peres, heritiers de leurs affections, n'auons iamais abandon-
né le deuoir de nostre naissance, ny refusé la vraye obeyssance, & le prompt seruice que nostre Religion nous ap-
prend à luy rédre. Et que pleust à Dieu, SIRE, que V. M.
poussée des vrais interests de sa grandeur, & du mouuement naturel de sa generosité, voulut pour l'affermisse-
ment de sa Couronne, & dignité de son Royaume, tour-
ner ses armes contre les ennemis de son Estat, & se ser-
uir de nostre fidelité en la deffence d'vne telle cause.
Nous ne craindrons pas de dire de nous qu'en vne si glo-
rieuse emulation d'entre vos meilleurs subiects, la palme
n'en demeureroit point à d'autres. Mais, nous disons
maintenant & pleurons auec larmes de sang, & en amer-
tume de sanglots qui deschirent nos entrailles, que les
ennemis de vostre Couronne & de vostre personne, SI-
RE, vous ayans induit à employer vos armes côtre nous,
& à les tremper au sang de vos plus fideles subiects, veulent perdre & vostre Couronne & vostre personne tout
ensemble. Ce sont vos vrais ennemis qui allument vostre haine contre nous, pour en embraser vostre Estat, &
vous enseuelir en ses ruines. Qui ayans cruellemét meur-
tri le plus grand Roy du monde vostre glorieux Pere,
parce qu'il ne nous hayssoit pas, & que sa bonté & sa iustice nous protegeoit comme ses fideles subiects : induisent auiourd'huy vostre Majesté à nous hayr & à nous

deſtruire , pour l'accabler elle meſme ſous la cheute de ceſte Monarchie. Que ſi dans ceſt orage qu'ils ont deſia excité , & que nous ſentons fondre ſur nous , nous ſommes contraints pour noſtre propre deffence & conſeruation de recourir aux remedes naturels: Nous proteſtons, SIRE, deuant Dieu, deuant vous , & deuant tous les hommes, que noſtre intention eſt de conſeruer touſiours voſtre authorité & le reſpect de voſtre obeyſſance au milieu de nous , & que nous ferons tous nos efforts poſſibles pour ſauuer de peril voſtre perſonne & voſtre Royaume. Veuille le Tout-puiſſant, qui eſt le Dieu de vengeance & de grace , & qui ſelon les decrets de ſon conſeil , tantoſt a fait tomber ſon ire en diuers exemples d'horreur ſur les teſtes des Grands & des peuples mutinez contre luy , tantoſt a preſerué & conuerti à ſoy les plus animez contre ſon Egliſe, vous donner, ſelon nos vœux, que garanti de tous dangers, vous puiſſiez recognoiſtre la Religion & la fidelité des perſonnes que vous hayſſez maintenant, ſans les cognoiſtre. Cependant nous appellons ici par nos tres-humbles ſupplications tous les Rois, Princes & Eſtats intereſſez en l'innocence de bons & fideles ſubiects opprimez, mais principalemēt obligez enuers Dieu à la defenſe de ſa cauſe & de ſa verité ; Et les requerons d'appuyer de leur ſecours & de leur aſſiſtance la foible deffenſe que nous oppoſons par neceſſité à tant de forces puiſſantes de nos ennemis, qui ayant choiſi ce temps expres, apres qu'ils ont allumé le feu dans la plus part des Eſtats , d'où ils eſtiment que nous euſſions peu attendre ſecours , penſent nous opprimer maintenant auec plus de facilité. Mais noſtre confiance principale eſt aupres du Tout-puiſſant, qui renuerſe les deſſeins des nations , & ſouffle ſur l'entrepriſe des peuples coniurez contre ſon Iſraël. Et puis que pour la gloire de ſon Nom nous sommes hays, & que pour renuerser sa verité on cherche noſtre ruine, nous nous aſſeurons qu'il nous fera ſentir la meſme deliurance que nos peres ont eſprouué de ſon ſecours, que nous inuoquons du profond de nos ames. *Dieu ne te tien point coy, ne te tay point, & ne te repoſe plus ò Dieu! car voicy tes ennemis bruyent, & ceux qui te hayſſent ont leué la teſte.*

C'eſt la Declaration des Egliſes Reformées de France & Souueraineté de Bearn par leurs Deputez aſſemblez à la Rochelle. Et pour tous.

COMBORT,	*Preſident,*
BANAGE,	*Adioinct,*
RODIL,	*Secretaire,*
RIFFAVT,	*Secretaire,*